Poèmes en aparté

Sandrine ADSO

Poèmes en aparté

Le secret protégé par notre intimité est la chance de nos partages et de notre fusion.

Édition : BoD - Books on Demand, info@bod.fr
Impression : BoD – Books on Demand, In de Tarpen 42,
Norderstedt (Allemagne)
Impression à la demande
ISBN : 978-2-3225-4198-0
Dépôt légal : juillet 2024

Bonjour l'amour

Tu chantes en ce jour,
Toutes ces chansons
Qui volent jusqu'à l'horizon
Tout autour de nous,
Dans un éveil toujours plus doux.

Et si mon amour va vers Toi, ce matin
C'est encore une fois pour espérer tes mains.

Tes mains d'Homme, qui encore une fois
Traversent l'au-delà
Pour venir jusqu'à moi,
Puisque tu es le capitaine de mon navire
Le prince dans les yeux duquel se reflète tout mon avenir.

Je flotte sur les mers
Devant tes périples extraordinaires,
Je me couche sur les plages
Et en même temps, je caresse tous les rivages.

Alors il n'y a plus qu'une lumière :
Celle de la fin des guerres.

Que ton chant, devienne une ode à la paix
Un secret, enfoui, ressuscité.

J'irai te chercher
Encore plus loin que le dernier été,
J'irai te chercher
Et passionnément, je t'aimerai.

Je t'habille de velours
Et je t'emmène vers l'amour,
Tu es bleu,
Tu es feu.

Tu es le vallon
Dans lequel les licornes font des bonds,
Et tout autour de moi,
J'entends ta voix,
Alors, je chante ton sourire
Et je danse sur les cadences de ton rire.
Oui, tu es tout cela
Encore une fois.

Aujourd'hui

Aujourd'hui c'est l'anniversaire de la Déclaration des Droits de l'Homme,
Pas d'autres condamnations que d'avoir croqué la pomme.

À tous les gnostiques et les anarchistes, fléchissez les canons
OUVREZ les horizons,
Pour sentir le parfum des bourgeons
De cette extraordinaire révolution.

Pour vivre dans le monde de la liberté,
De la tolérance et de la radieuse paix

Tu deviendras ma vérité
Je serais cette liqueur sacrée
Qui bouleversera dans tes yeux
L'espace des jours bondissants et furieux,

Et tels, deux fauves apaisés
Nous irons conquérir le monde
Il y aura l'orge et le blé
Il y aura des milliers de secondes
Qui galopant autour de nous
Nous tiendront encore debout
Lorsque le monde s'écroulera
Puis Kaos jaillira
Et nous découvrirons
Les entrailles de la création,
Toujours un peu plus bleue, un peu plus parfaite
Quelquefois aux regards de fête.

Le ciel s'entrouvrira
Devant un simple feu de bois
Et les étincelles qui en jailliront
Se poseront une à une sur ton horizon.

Alors je verrai des soleils danser dans la nuit
Et je n'aurai plus jamais peur, tous les démons seront à l'agonie.

La vie se posera sur nos vies,
Pour unir nos rêves et nos désirs
Dans un très troublant avenir,
Et …, j'entendrais ton rire
Comme un chant de cristal.

Flamboyant
Puis transparent.

À tout ce soleil que je vois dans tes yeux

À tout ce que je veux t'offrir
Comme autant de jours heureux :
J'ai choisi de fleurir ton avenir
J'ai choisi d'aimer tes désirs
Et de te parler avec des rires.

Merci à toi, à ta lumière
Au calme de la nuit, sans frontières

Laisse-moi être le parfum de tes nuits
Et t'apporter chaque chant et mélodie
Qui te parlent d'amour
Dès l'éveil de la lumière du jour,
Tu es inscrit dans l'aube céleste
Tu es tout ce qu'il me reste
Lorsque descend le rideau du crépuscule.

Alors autour de ta nuit, se bousculent
Toutes les licornes et toutes les fées,
Comme autant de rêves dessinés.

Et je regarde le peintre de ta vie
Mettre des couleurs sur tes envies,
Je t'en prie, regarde avec douceur
Le poète qui trempant sa plume dans son cœur
Cherche à te dire : je t'aime, à chacun de ses élans et de ses mots.
Tu ne seras plus jamais le fardeau
Des poètes saturniens qui souffrent de tout ce qu'ils portent en eux
Quand même l'amour et la beauté les rendent malheureux.

Je t'aime, toi, si beau
Et tu deviens cette joie, puis ce galop
De ma plume sur le papier,
De mes mots, comme autant de baisers !

Dans une fougue sensuelle,
La poésie sait se faire éternelle.
Et le poète, ce magicien
Qui vers toi vient
Et découvrent les plus beaux chemins
Et te les racontent en bleu.
Comme autant de moments heureux.

À tout ce soleil que je vois dans tes yeux
Se dessinent des nuits de jours et de feux
Des nuits comme des châteaux médiévaux
Avec des tours et des donjons bien haut,
Et dans ton silence, tu dis les seuls mots
À la princesse enfermée.

Au début

C'était il y a bien longtemps,
Avant le temps du temps.

Il planait dans l'espace,
Quelque chose de permanent et fugace,
Une rose sensuelle
Et irréelle,
Qui s'appelle
Moment éternel.

Et cette rose existe encore aujourd'hui :
Elle porte en elle, quelque chose qui crée la vie,
Dans un silence subquaternaire
Se solidifie le mystère
Comme la première pierre !

Au début des temps
Avant le temps des géants,
Il y avait cette merveille : l'enfant du temps,
Telle une fontaine sans prise avec le néant.

Telle une création sans parents.

Un simple cadeau bleu et blanc
Aux couleurs du ciel
La constance de la rose éternelle,
La rose et la fontaine, en spirales sans fin.

Cosmogonies, Bereshit et autres genèses,
Du temps, du vent, de la lumière qui pèsent
Sur le sablier cosmique dans lequel
Coulent tous les univers réels ou irréels !

Cette lumière

Cette lumière si grande et si claire,
Que le matin s'en trouve encerclé
De lueurs et de chants d'oiseaux extraordinaires
Comme une victoire sur les ténèbres démesurées.

Tu es là caché dans la nuit
Et pourtant j'arrive à percevoir des lueurs infinies,
Mais d'où viennent-elles ?
Probablement d'un autre ciel
Un espace sans lune, sans soleil.
Juste la lumière immense dans sa merveille,
Comme un secret inavoué par l'Éternel :
Telle, lors du moment de la création une simple étincelle,
Perdue, égarée qui aurait joué longtemps
Avec les licornes des forêts des premiers temps.

L'animal sacré a été désigné par Dieu
Pour animer le ciel d'un nouveau feu :
Là où il y a amour,
Il y aura un tout particulier jour,
Un jour juste doré, mais un jour
Qui accepterait ta nuit
Alors autour de toi fuseront des jets de la licorne bleue
Et ce sera le sacrement d'une nouvelle vie
Ou plutôt d'une fusion dès que se réveille la fleur bleue.

La fleur bleue est cette fleur qui s'ouvre dès que s'exhale le parfum d'amour.
Telle, un brin de muguet, elle porte deux clochettes glamour,
Qui résonnent d'un bout à l'autre de l'univers
Pour signifier au monde que la force d'amour existe encore
Et galope au-delà des vallées, des collines et des clairières
Laissant sur son chemin, de magnifiques trésors.

Et ainsi, je peux te voir dans la nuit
Au pied d'un arbre, assis, le regard ébloui.
Et tu es ce roi des terres d'Arcadie
Silencieux, sage et épris
Le regard perçant jusqu'aux infinis,
Le cœur palpitant comme un nouveau tonnerre
Et, oui tu n'es que lumière.

De cette lumière encore inconnue
Qui monte au-delà des nues.
Dans la joie de cette lumière
Qui ne fait qu'éclairer ton cœur.

Poème pour le printemps

Je me verse sur les chemins infinis de ta douce langueur,
Oh toi, charmant printemps qui revient en cette nouvelle heure.
Tu portes avec toi tous les bonheurs
Que ton cœur conjugue dans notre douceur :
Personne ne sait, si elle vient de toi ou de moi
Elle provient probablement d'une étoile de l'au-delà.

Et cette étoile tu l'as vue cent mille fois dans tes sommeils
Tu ne l'as pas reconnue de suite, mais tu l'appelles merveille.
Elle dessine ton visage, dans les branchages ensoleillés
Elle dessine ce sourire que je ne saurai plus désormais te cacher.
Elle éclaire tous les cieux
De ta vie et de ton avenir heureux.

Je t'emmène sur les chevaux du désir
Que Phébus, ne saurait retenir.

Oui, tu es mon printemps
L'homme qui remplit mon temps
Chantant, dans l'aboutissement
De toutes ces années d'amour
Projetées dans la lumière de ce jour.

Tu es désormais inscrit
Dans le cycle de la vie
Et autour de toi, le monde jubile, en chantant
Bon anniversaire printemps !
Fidèle et somptueux
Doux et harmonieux.
Et à chaque fois,
C'est comme la première fois :
Les bourgeons en joie
Le soleil dans tout son éclat,
Et bien sûr, les muses qui dansent et caracolent pour toi.
Parce que tu donnes l'espoir
Parce que de tes deux mains, tu caresses le soir
Dans lequel tu réanimes Aphrodite,
Et, gentiment tu l'invites
À caresser tes secrets
Enfouis durant tous ces hivers.
Je t'apporte la lumière,
Parce que je t'aime plus que tout sur terre.

Des jours et des nuits

Il y a des jours bleuis par la lumière du ciel
Et des nuits qui coulent sous les étoiles éternelles,
Il y a des nuits bleuies par la seule lumière de tes yeux,
Où coule ce feu
Qui fait chanter les oiseaux près de toi,
Comme autant d'instants de joie.

Il y a des jours qui coulent à l'unisson des océans,
Captant ce grand son des mers s'offrant aux vents,
Alors, Gaïa redevient mère encore une fois
Et sous le tempo, quelquefois de l'orage,
Lorsqu'en ce jour-ci, où des milliers de fleurs tombent des nuages
Je peux te voir assis,
Je sais que tu es l'ami
Des licornes au petit bois,
Souvent aussi de moi.

Alors pour ta joie,
Je dessine des couleurs et des vallées
Des envolées d'oiseaux sur des fonds d'été.

Et le monde redécouvre son premier printemps
Et l'Amour, ses premiers amants.

Éros chante, chante, danse
Aphrodite n'a jamais été aussi intense
Nue, dans ses draperies mauves,
Au pied de laquelle se couchent les fauves.

C'est enfin la réunion du profane et du sacré
Du fini et de l'illimité,
Et tout recommence
Dans la joie et la bienveillance
Du poète inspiré.

Les jours se couchent dans les nuits
Et toutes les nuits prolongent ta vie
Telle une promesse irréelle
Ou un désir éternel.

C'est le choix du poète
Qui se lève puis s'arrête
Sur le chemin du désir
Ramassant quelquefois les feuilles de l'avenir.

Celles-ci sont écrites à l'encre de la lumière
Et bâtissent des empires en pleine terre.

Alors le poète parcourt son territoire,
Et court capturer la perle dans son grimoire.

Du bleu

La nuit dessine dans tes yeux
Des couleurs un peu fauves, un peu bleues.
Et j'attends que l'eau du soir
Descende de son grand miroir.

Magique ou fou
Il est l'autre du hasard
Alors donne à ce temps, le regard du loup
Qui a fixé des dentelles
Et qui t'appelle
La nuit des loups.

Et alors l'étoile se leva
Dans son manteau plein de frimas
Et le loup n'avait pas froid
Mais que dire du vent de la nuit ?

Sait-on qu'il est comme Pierre et le paradis
Les clés, les clés du paradis
La porte de la nuit
Corne ou ivoire
J'aime ces longs soirs
Où l'étrange monte au firmament
De la naissance de tout ce temps
De l'aube à l'aurore
L'horizon caresse ton océan
Et dans le bleu du corps

Navigue le géant.

Et pourtant le vent devient
De plus en plus troublant
Dès que s'approche le matin.

À cette heure-ci tout s'éteint
Tout devient
Possible dès le lointain
Car c'est l'aube du magicien
Qui s'est assis aux pieds de la lune pleine.

Le magicien chante pour l'étoile du sud, du nord
Et les murs de la plus haute tour se taisent encore
Quand ils deviennent prisons,
Quand ils redeviennent donjons.

La damoiselle enfermée par le seigneur mécréant
A fait bondir tous les chevaliers galants,
Qui se sont jetés à corps perdu dans le vent.

Ils sont prêts à tout affronter : même le néant.
Alors quand l'amour s'en mêle…,
La partie n'en est que plus belle.

Les chevaliers se lèvent de bon matin
Vont à la fontaine, laver leurs mains
Et chevauchent en direction
D'une noble mission.

Et ce jour-là, le chevalier ne rencontra…, que du bleu.
Telle était sa robe, tels étaient ses yeux.

Et il tomba si amoureux,
Qu'il ne sut prononcer un mot ;
En fait, il lui prit un baiser aussitôt
Et dans la clairière se couchèrent pudiquement.

Les arbres encerclant les amants
Pour les protéger de tout, même du vent,
Les fleurs et la mousse, pleines de printemps
Ne formaient plus qu'un lit
Et leurs corps ne formaient plus qu'un paradis.

Oui, c'était un jour bleu,
Arrêté entre le soir et le matin.

Dans la forêt, ici et là, brûlaient quelques feux,
Elle était en fête, et paraissaient ici et là les elfes, et les lutins.

La journée galopa,
La nuit passa,
La belle souriait
Heureux était le chevalier !

La vie, leur avait offert, un moment hors du temps
Et dans le silence s'éleva lentement
Le hennissement de la licorne d'amour,
Alors, confiants, ils se parlèrent au petit jour :
Évoquant leur future chaumière
Cachée au fond de la clairière
Et se donnèrent la force de se séparer,
Pour ensuite se retrouver.

Encore une fois

Encore une fois, l'espoir sur la branche du matin
L'oiseau de la joie du renouveau
Qui arrive dès demain
Et alors, il fera très très beau.

Tu connais déjà cet oiseau,
Tu l'as vu chanter devant la porte de ta maison,
Telle une promesse de semaison :
Les épis de blé qui gonflent dans les champs ensoleillés,
Les vignes de raisin qui transpirent de liqueur sucrée,
Les fleurs dans les champs dispersant leurs couleurs
Avec cet hasard créateur, plein de vigueur.

Tu es le peintre qui porte ses couleurs,
Au bout des doigts
Et qui touche encore une fois,
La toile du lendemain et d'aujourd'hui
Qui baigne dans une clarté de ciel infini.

Tu es le poète, qui n'ose pas dire les mots que j'attends
Car ils sont trop beaux et s'enfuyant avec le vent,
Ils emporteraient le langage de l'espoir que j'attends,
Et peut-être aurais-tu alors le frisson de faire partie du vaste empire nommé :
Temps.

Alors dans un espoir de surpuissance,
Tu parlerais à la mort dans ce langage
Qui fait chanter les anges et dormir calmement le silence,
Alors encore une fois, tu ferais preuve de ce courage
Qui amène la justice devant le tribunal
Qui amène le saint devant le Mal
Et qui d'un seul regard l'anéantit,
La résolution du dilemme éternel étant enfin accomplie.

Et puis il y aura toujours, encore une fois
Ces orages sur les océans d'ici et d'au-delà…
L'éclair sur la mer,
L'oiseau rescapé sur la butte de terre,
Qui se remet à chanter
Comme à la première aube presque levée…
… Quelques secondes avant le lever du jour,
Durant ces instants où dans l'absolu silence émergera encore une fois
l'amour,
Et notre amour.
À toi
Et à moi.

Et si j'aime la nuit

Ce n'est que pour les constellations de l'infini
Parce qu'elles parcourent chacun des chemins de ta vie.

Alors, je m'assieds au bord du temps
Et je réplique au néant,
Par des milliers d'étoiles
Qui caressent ton existence et ses voiles,
Ton bateau vogue sur la mer d'Agadia
Et devient tout bleu au petit matin de l'au-delà.

Apparaissent alors des spirales, des colonnes, des labyrinthes
Qui deviennent de marbre à chacune de tes plaintes.

Ainsi, se construit le temple
Qu'avec joie et plaisir tu contemples,
Et doucement je viens près de toi, en dansant
Sur les musiques qui riment avec le vent.

Alors les vents soufflent sur le vent,
Et le temps s'arrête un instant,
juste la seconde d'un regard
Entre la reine et son miroir.

Et moi, la servante je continue de danser
Sur les murs blancs nacrés
Et chacune des ombres qui se dessinent sur les portes
Se rassemblent et ne s'éteignent qu'au pied des feuilles mortes
Du jardin mystérieux
Où j'ai croisé tes yeux.

Les yeux de mon roi
Brillent dans tout mon univers
Et deviennent guide tout autour de moi
Chaleur, joie et lumière.
Il est là tel un arc en ciel dans la nuit
Il est là tel un premier sourire dans ma vie
Parfois, il se transforme tout en or
Alors toutes mes lumières se tournent vers son corps
Et je découvre émerveillée…, des merveilles
Qui émergent depuis son soleil,
Et chacun de nos rêves s'entremêlent dans des encens
De cannelle et de safran.

J'ai rêvé

J'ai rêvé d'un jour bleu,
Et de quelques instants audacieux.

J'ai rêvé en couleurs,
En ne comptant plus les heures.

J'ai rêvé de tes mains
Et couru vers ton matin.

Le ciel était fluide, dégagé
C'était un bonheur d'été
Et pourtant,
Peut-être le dernier printemps
Sur les fragments de l'océan.

Alors, j'ai chanté telle une sirène
Et j'ai chanté la lune pleine :
Du feu, du feu dans les astres, dans le ciel,
Juste pour atteindre l'éternelle.

Et le matin est revenu, fidèle
Accompagné par la joie, l'allégresse.

Les songes des nuits d'été firent pleurer la déesse,
Car le cristal avait disparu
Qu'en était-il advenu ?
Peut-être trop de lumière,
Fallait-il une simple prière ?

Et le vent qui soufflait
Laissait le silence s'installer...

Alors la déesse commanda aux oiseaux
Des chants et des instants primordiaux :
Ceux qui arrivent avec les premières lueurs
Ceux qui sont toujours vainqueurs,
Et les oiseaux du matin firent entendre la gloire
De toutes ces aubes qui naissent des précédents soirs.

Et le cycle s'accomplit :
Le rêve allait ouvrir les portes de ton infini,
Là où j'aime aller me promener
Lorsque tombent les pluies d'été.

N'a-t-on pas vu alors
S'élever magistral, dans la lumière d'or
Le prisme de l'arc-en-ciel
Le cristal et son éclat éternel ?

J'ai vu

J'ai vu les tyrans s'agenouiller devant des enfants
J'ai vu des nuits s'entrouvrir doucement,
J'ai vu la mort trembler devant sa licorne et sa beauté
Et j'ai vu l'aube encore une fois se lever.

Alors, oui je peux le dire
Chaque instant porte un avenir,
Chaque lumière éclaire les errances de l'obscurité
Chaque arc-en-ciel propose un sourire à l'éternité,

Et je te regarde dans le clair jour,
Mon cœur alors, frissonne pour s'envoler dans un soupir d'amour,
Il va vers toi,
Traversant tous les au-delà.
Alors, éclot la fleur de la joie :
Tu es là,
Et l'espace d'un instant, tu deviens ce roi
Dont mes rêves me parlèrent secrètement.

Alors, s'arrête le temps
Sur les chemins des quatre vents
Et les eaux du firmament
Glissent aux confins de l'océan.

C'est un nouveau jour,
Où le petit enfant
Peut gravir la tour
Sans s'égarer dans les dédales du château,
Et faire résonner de tous côtés son rire comme un oiseau.

J'ai vu l'enfant heureux
J'ai vu s'allumer dans le lointain, les feux
De la providence,
De l'espoir qui sans cesse recommence
À chanter le bleu
Avec le matin
Qui vient
Et qui revient
Pour caresser tes mains.

Et je me suis vue jalouse de cet instant
Où mon désir a vu jour innocemment :
Comment ne pas aimer un roi
Dont l'âme rayonne, tel un soleil pour la joie
De tous ?

Je suis revenue

Je suis revenue
D'un pays lointain et inconnu,
Un pays de vents
Et d'océans.

Un pays où le miel et le lait coulent lentement
Au milieu de grands jardins blancs.

Ils sont protégés par des portes antiques
Éblouissantes, car magnifiques :
De marbre blanc et de roses éternelles
Imposant le silence et l'espérance surnaturels.

Il y a des mots qui volent dans le ciel,
Il y a des chants qui planent et qui caressent les fleurs ;
Je suis revenue de ce pays de bonheur,
Baignée d'extase et d'espoir.

Et je suis revenue ce soir
En traversant le plus grand miroir,
Il me dit que j'ai à nouveau vingt ans
Il me dit qu'il est temps
De penser à l'amour et l'amant.

Alors, je pense à toi
Encore une fois
Et je t'imagine le sourire ouvert,
Les yeux et le cœur offerts
À la vie,
À l'unité.

Et doucement, tu parles dans ma nuit
Tes mots résonnent aux affres de la beauté ;
Et je suis conquise dans un songe
Aux couleurs étranges, qui prolongent
L'instant d'amour jusqu'à l'éternité.

Comme un unique moment,
Un nouvel instant
Où ton horizon parle à mes lendemains,
Et glissent ses couleurs jusque dans mes mains.

Alors je deviens princesse d'un royaume qui n'existe pas
Et je dépose ici et là,
Des pierreries et des soies
Pour que tu les caresses du bout des doigts.

J'entends le vent chanter

J'entends le vent chanter,
À travers les paysages d'étés.

Des étés extraordinaires
Baignés dans un orage de lumière,
Il fait chaud, il pleut
L'arc-en-ciel monte dans les cieux.

Et j'entends ta voix murmurer
À la résonance des rochers,
Alors ta voix se multiplie
Comme une onde infinie
Le long des parois de la grotte vierge.

Alors, tu quittes la berge
Et tu chantes la chanson de l'océan,
Et tu t'assois devant le vent
Seul comme un homme, devant un titan.

L'Adam des temps perdus devant Éole
L'unique création adorée devant la force folle.

Le spectacle de l'homme devant le vent
Et soudainement, le visage de l'enfant.

Alors j'entends le chant
De l'homme qui sent le vent :
Dans ses cheveux, entre ses mains
Et qui fait de lui, un bref instant
Un jouet divin…

L'homme découvre le « pourquoi » ?
Mais aussi, secrètement la joie,
Alors j'entends son rire qui mêlé aux vents
Monte en éclairs bleus jusqu'au firmament.

Le chant du vent tremble et se fait silence
Lorsque Zeus anime la foudre, puis le tonnerre

L'homme devient une créature en errance
Sur une terre encore pleine de dragons qui rêvent de châteaux imaginaires.
Et l'homme n'a plus qu'à signaler le règne de la force
Gravée dans le moindre arbre, sa moindre écorce.

La vie s'installe peu à peu dans l'homme et la nature,
Les eaux deviennent aussi pures
Que le fond de tes yeux où chante le vent
Et je te cherche tout le temps.

La cascade des fleurs

Les roses bleues descendent du ciel,
Qui en feu
Posent et allument des étincelles
Et…, certains instants à vivre à deux.

Lorsque la nuit s'avance à pas de loup
Sur le jour encore debout,
Comme une proposition
De réveiller les horizons
Et d'y poser des guirlandes de jour et de nuit.

Et tout s'élance entre un rire et un sourire
Même pour un simple avenir :
Le lever du soleil, puis le lever de la lune.

Alors, le magicien depuis la plus haute dune
Comptera les étoiles une à une,
Pour faire briller tes yeux,
Te rapprocher d'elles et faire de vous, juste deux
Espaces le haut et le bas
Devenant ainsi le nadir
De ton espoir qui explose tout bas.

Alors, plus personne ne parlera de mourir :
La vie aura goûté à l'élixir de l'éternité
Qui durera tout un printemps, puis tout un été ;

Alors, le magicien prendra tes mains
Dans ses mains,
Te dira merci
Et retournera jouer avec les oiseaux de la nuit.

Le cercle sera alors accompli
Le fini se fondera à l'infini
Décuplant tous les chemins de la vie.

Il y aura d'abord,
Les chemins de l'aurore,
Puis les sentiers satins
Du petit matin,
Ceux qui font fuir les assassins
Pour laisser la licorne chanter
Sa joie, sa vérité
Cette pureté,
Cette toute première virginité.

La coupole azurée du ciel

Resplendit jusque dans tes yeux et ses étincelles.
Tu es couvert d'or et de lumière
Que la licorne t'a rapportés depuis la clairière.

Elle nous aime et nous protège, puisque nous ne sommes qu'amour
Mais nous ne l'apercevons ni dans la nuit, ni dans le jour.
Aucun humain, n'a le privilège de la voir
Et sur elle, se perdent des milliards de regards.

J'ai conçu pour elle, une litière de fleurs
Où elle va se coucher à certaines heures,
Inconnues
Au sein des nues.

J'ai pris l'échelle qui monte jusqu'au ciel
Et j'ai mêlé aux fleurs des dentelles,
Puis la lumière s'est posée
Comme une couronne de joie exaltée.

Sous la coupole azurée du ciel
Règne ton sourire et la chaleur de tes bras,
Tu es la merveille que je n'espérais plus réelle,
Et dont je rêve tout bas.

Alors montent aux cieux mes dessins
Feutrés dans des pétales de jasmin.

Tu réunis sur ta bouche tous les parfums d'orient
Et je m'enroule dans ton vent,
Subtil, chaud, si doux
Que je traverserais les océans pour te voler un baiser dans le cou.

Tu me laisses découvrir certaines merveilles
Qui deviennent réalité sous la lumière du soleil,
Tu es homme dans la lumière du jour
Et roi, dans le secret de la nuit.

Tu vis l'amour
Avec tous ces infinis,
Ton corps et tes mots sont souvent royaux
Que je contemple, depuis ma citadelle
Et trouve si beaux :
Les poètes ont quelquefois des ailes
Pour contempler l'étrange et l'inconnu,
Je découvre en toi, ton arbre aux secrets aux bourgeons perdus.

Es-tu vraiment né sous la coupole azurée
Ou viens-tu d'un monde antique et oublié ?

La mélodie de tes yeux

Tes yeux si grands chantent la nuit et le jour
Et ils me parlent dans le vent, depuis toujours :
Je sens la brume océane,
Je vois les formes diaphanes
Que tes yeux parcourent depuis si longtemps.

Tu portes en toi, la mémoire de l'humanité
Et pourtant tu es léger,
Comme un rayon de soleil,
Comme un rayon de vent
Et tu crées des merveilles.
Tu donnes à l'existence le rire des enfants,
Lorsqu'ils découvrent les petits instants de vie
Que tu déploies autour de toi, doucement :
Tu es l'énergie de l'énergie.

Le souffle de la vague soulevée,
La brume de la clairière dissipée,
Le chant matinal des oiseaux durant l'été.
Tu es tout cela et bien plus encore :
Tu es tout l'amour du monde
Et probablement, cette lumière d'or
Qui transforme chaque seconde
En gouttes de miel, dans la mer salée,
Offertes pour être savourées
Par l'homme, la femme qui quittent la Pangée,
Pour trouver une autre terre…

Une terre de forêts désireuses d'été,
Une terre de petits chemins, le long des vallées.
Une terre qui chante le souffle de ton prénom,
Une terre qui espère connaître l'horizon,
Toujours plus bleu que le ciel
Et qui semble sous ton regard être si belle…

Et parmi l'océan l'homme et la femme nagent ensemble
Quelquefois la femme et même l'homme tremblent
De fatigue, à la recherche de ce rocher salvateur
Qui couvert de lichen propose un petit peu de son bonheur,
Seul, au milieu de l'océan
Seul, depuis un temps très long,
Perdu dans l'infini et le vent.
Perdu dans l'espace et son frisson.

Et tes yeux chantent tout cela :
Depuis cet immense au-delà
Où le mystère t'a sacré roi.

La reine de Saba

Le temps a germé sur l'horizon
À l'éclat incomparable de l'unisson ;
Et j'ai chanté la force de la vie
Qui jaillit sur les palais d'Éthiopie,
Là où la reine de Saba
Rêve encore de ce roi
Et de cet amour si sage et si profond
Qu'il en devient festif du grand Salomon.

Oui, l'arche d'alliance
A trouvé origine et naissance
Dans les bras de Ménélik premier
Enfant béni et sacré
Qui à la destinée tracée
Allait s'épanouir dans la tribu de Dan.

Hiram, pourtant a aimé Bilkis qui ne condamne
Ni la royauté de Salomon
Ni la beauté de cette femme en gestation,
Avec qui il allait s'unir,
Et le temple allait se construire
Sous les yeux émerveillés de tout le Jérusalem de Salomon.

Un berceau pour l'arche d'alliance
Une maison pour l'union de Dieu et son peuple en vaillance.

Tant de merveilles, dans les mains d'un architecte et d'un roi
Et de surcroît l'amour de la plus belle reine, la reine de Saba,
La reine d'Éthiopie :
Un fabuleux pays
D'épices et de pierreries.

Peut-être que c'est le vent qui porta jusqu'à Salomon
Les parfums, les poudres et ses tourbillons.

L'amour, la sagesse,
La beauté, la noblesse
S'élevaient dans le ciel de Jérusalem brûlant
Et Bilkis connût l'Amant :
Après un repas très épicé
Et la promesse jurée
Par Salomon de ne pas la toucher,
Tant qu'elle-même n'aura, de lui, rien convoité,
Bilkis rompit le pacte sacré.

Salomon roi sage et rusé
Avait placé entre leurs deux chambres, une fontaine.
Après un repas épicé, le roi resta en haleine,
Et ce qu'il avait prévu, arriva
La reine, assoiffée durant la nuit se leva
Buvant à la fontaine pour se désaltérer,
Brisant ainsi le pacte scellé.

Et Salomon se pencha sur elle,
À son désir fidèle.

Puis la reine de Saba quitta le pays
Pour retourner en Éthiopie,
Là, elle enfanta Ménélik premier,
Futur convoyeur de l'arche sacrée.

L'amour fou

L'amour fou s'écrit sur les lettres de ton prénom :
Dormir dans le creux de tes bras
Avoir vue à chaque fois que je regarde tes yeux encore et encore une fois
Vers les collines bleues jusqu'à l'horizon.
Il était une fois l'infini
Dans la grande beauté de la vie !

Je vis dans le plus grand bonheur
Et je n'ai plus peur,
Que passent les heures.

J'ai voulu boire sur le rocher perdu au milieu de l'océan,
L'élixir d'amour qui procure extase à tous les amants :
Il m'a fallu nager et nager
Des jours entiers
Avant d'atteindre le petit rocher ;

Sur ce rocher se trouvent, sirènes, dryades et créatures aquatiques
Se partageant la garde de toutes les potions magiques.

Je suis arrivée assoiffée,
La bouche salée
Et j'ai été accueillie par un rêve merveilleux,
Une ondine aux yeux bleus
Aux blanches mains.

Elle tient un petit coffret aux secrets incertains
À l'intérieur se trouve une fiole violette
Qui attendait d'être découverte, suite à une longue quête
Pour être bue sans crainte et désaltérer du sel marin
Élixir d'amour, conçu par Aphrodite et Poséidon
Provoquant amour et passion.

Mais je m'en suis détournée
Car en moi, l'amour est naturellement né,
Pas besoin de magie
Mon seul désir a suffi.

Un désir bleu,
Un désir feu
De toi, roi des terres d'Arcadie
Roi et soleil des terres infinies
Peuplées de licornes et de soleils de toutes couleurs.

J'ai cherché à t'atteindre sans peur.
Et je t'ai simplement ouvert mon cœur.
Et nous nous sommes unis.

Le jour du bonheur

Est un jour où toutes les fleurs
Se sont réunies
Pour fleurir, dans toutes les saisons,
Tous les pays
Sous la lumière de plusieurs chansons,
Et mon cœur te dit oui.

Parce qu'aujourd'hui est un jour de gloire et de joie
Pour toi,
Mon ami chrétien
Pour toi,
Mon voisin,
Mon prochain.

Que ta vie devienne un champ d'amour et de blé
À toutes les époques de l'année
Pour que sans l'avouer
Tu connaisses l'éternité :
Ce souffle venu du divin
Qui te porte vers tous les lointains
Et dans l'amour infini de mes mains
Qui t'enveloppent et t'entourent chaque matin,
Se prolongeant jusqu'au petit soir qui devient nuit,
Sans peur, juste innocent sous le regard de l'infini.

Et je respire en même temps que toi,
Sur la cadence du temps qui passe :
Qui suit nos traces
Dans un défilé de joie.

Nous sommes toi et moi,
Des enfants du temps
Nés un matin, sous le vent
Et la palmeraie sacrée du désert.
Et, oui nous grandissons ensemble dans la même lumière.

Pardonne-moi de t'aimer autant,
Mais je vois en toi le sourire de l'enfant
Qui n'existe que dans mes rêves les plus profonds.

Ton sourire flotte sur mon horizon,
Comme un drapeau blanc
Pour l'armistice de tous les temps,
Le temps de te retrouver,
Le temps de t'aimer
Et de connaître le jour du bonheur.

Le monstre d'acier

Le soleil bleu a chanté et dansé le long des coffres de la nuit,
Alors j'ai revu et senti
Le terrible impact du monstre d'acier
Qui a dans des feux de nuits
D'hiver et d'été
Violemment atteint mon squelette.

C'était une véritable bête
Que je n'ai pu contrôler,
Il aurait pu me tuer à tout jamais…

Mais j'ai quasiment survécu
Et à présent lorsque je vois mon corps nu
Plein de coulées de sang et d'ecchymoses
Je ferme les yeux et je vois toutes les roses
De cet amour qui puissant
A grandi dedans
A construit des châteaux, plus troublants
Les uns que les autres, et pourtant
Leurs clefs sont dans mes mains.

Alors, je détiens
À nouveau la vie
Celle qui me vient de ton infini :
Tes yeux, tes mains,
Tout ce désir qui me soutient,
M'élève et me projette
Vers des bonheurs que plus jamais rien n'arrête.

Tu es l'alpha, l'Omega
L'enfant, le roi
La seule loi,
Qui me donne envie
De courir dans les vents d'été.
Et tout cet infini
Tourbillonne autour du roi, que tu es !

Cet infini qui fait monter les océans,
Et rire tous les enfants
Sous la Force de ton simple regard
Plus doux que l'amour et son espoir,

Car tu es la merveille que j'ose tendrement (passionnément) aimer
Et je sème sur ton chemin des pétales d'or, de roses et de blé
Puis le vent, les rassemble sur ton front
Pour en tresser une couronne :
Et je dessine dans le ciel, les lettres de ton prénom
Et la lumière reste éternelle et bonne.
De par Toi…

Le vent

Le vent caresse les fleurs endolories
Et nomme du continent noir, tous les pays :
Les vallées douces, les forêts profondes,
Les étincelles lumineuses de chaque secondes.

Alors je monte au sommet de la colline
Et j'appelle tous les oiseaux qui se dessinent
Parfois bleus, parfois verts
Souvent clairs,
Et fluides ;
Ainsi eux-mêmes guident
Les vents tremblants
Aux portes du temps.

L'espace danse
Et la nuit impose le silence,
Pour que ton repos soit bleu, parfois vert
Souvent clair
Et candide.

Dès lors le mensonge se tait,
Et sur ton visage le sourire renaît.

Voici venu la fin des tourments,
Et le retour sacré des premiers instants,
C'est tout d'abord le vent,
Puis une pluie de fleurs
Des champs, des forêts de ce bonheur
Que seule la nature peut nous offrir.

Dès lors, la terre est couverte de promesses
De vie, d'enfantement
Et le ciel chante toute sa tendresse.

Les fleurs endolories sont caressées à chaque instant
Par le magicien,
Le petit prince qui revient
Celui qui connaît les vallées des sables par cœur
Ainsi que l'étrange lumière du temps,
Et je connais la tendresse nonchalante de certaines heures :
Le soleil qui court vers son zénith quelquefois bleu,
Et la profonde nuit qui ensorcelle mes yeux.

Regarde ce vent si doux, si clément
Qui caresse les fleurs endolories :
Oui, parfois j'en fais partie,
La rose de mon cœur saigne fort,
Des blessures de certains trésors.

Le vent du jardin

Le vent du jardin,
Porte tous les parfums
Et nous reparle du divin,
À chaque nouveau jour et matin.

Parce que le jour succède à la nuit,
Parce que le vent éloigne la pluie…,
Du jardin où jaillit dans son secret la fleur d'amour.
Elle est fleurie chaque nuit et chaque jour,
Pour ton plus grand bonheur
Et tu te lèves vers son odeur,
Le cœur battant,
Le corps tremblant,
L'espoir tremblant.

Tu marches les mains tendues
Le corps et les mains nues
Vers cette fleur, cet inconnu
Qui porte le sort d'amour.

C'est le magicien qui a mélangé tous les élixirs du jour
Et qui assis sur la plus haute vallée du jardin
Ayant arrosé la fleur d'amour, de ce liquide à la fois secret et divin
A conçu aux portes de la première humanité :
L'amour, le désir, le plaisir et le secret.

Mais l'arbre de la connaissance avait poussé
Avec ces fleurs du mal, dans le jardin premier.

Et le fruit interdit fut consommé :
La souffrance d'amour parut aux nouvelles premières lueurs,
L'homme et la femme découvrant ainsi le prix du bonheur,
Sa rareté, sa préciosité,
Dans l'intelligence de leur nudité.

Le vent du jardin se fit plus lourd,
Les chants des oiseaux plus sourds.

Et la fleur d'amour devint à tout jamais indestructible,
Son parfum indéfini, inextinguible
Et le vent lourd se posant sur les flots
Écuma le premier mot :
Oui.
Comme une proposition, un aveu et plus jamais
Un déni,
Mais peut-être un simple secret.

L'étrange écueil

L'étrange écueil a versé une larme dans l'océan,
Et la sirène a laissé fleurir son chant,
Au-dessus des vagues vertes et bleues.
Qui aurait pensé que le simple refrain serait si mélodieux ?

Des vrilles en cascade, toute une mélodie,
Oui mais une simple rengaine, le premier verset d'une symphonie :
Que la musique soit et la musique fut
Commencement de la magie simple et nue,
Je marche vers toi, portée par la mélodie de l'amour
J'avance les bras ouverts dans la lumière du jour.

L'écueil murmure dans son silence,
Quelques strophes poétiques, quelques stances
Qui rimantes, se veulent poésies
Simplement, portées par le vent du paradis.

Vers toi, j'affronte le vent
Et je défie le temps,
Un jour,
Oui un jour
Se poseront dans tous les cieux
Les parfums créés pour les dieux :
Zeus et l'anthurium rouge, la fougue sensuelle,
Aphrodite et la belle azalée, éternelle[1]
Hébé et ses crocus : joie et jeunesse,
(Et combien de femmes n'ont-elles pas rêvé d'Hellébore blanche ?).

Les fleurs et leurs parfums nous entraînent dans l'ivresse,
D'une fête ensoleillée un joli dimanche.

---

[1] Azalée : amour sincère, joie d'aimer.

Dans mon cœur est tapissé un parterre de fleurs
Sur lequel tu es invité, chaque nuit et chaque heure.

Et il devient, l'étrange écueil, où tu déposes tes soleils d'été
Tes étendues blanches virginales d'hiver,
Et d'un instant futur à un instant passé
Tu deviens le roi, qui gagne toutes les guerres
Et qui vient se reposer dans le creux de mes bras ;
Laisse-moi être le seul refuge fait pour toi,
Laisse-moi sentir tes forces et tes faiblesses
Mais aussi, tes baisers et tes caresses.

Finalement au fil du temps,
C'est toi qui deviens mon voilier blanc.
Alors, je vole.

Où es-tu ?

Où es-tu ?
Quelle nuit te tient à nu ?
Dans quel espace inconnu
Scrutes-tu l'horizon ?

Quelle est la pierre, qui orne ton front ?
Quelle femme éprise de toi
A déposé sur ta tête, cette couronne de roi ?

Poseras-tu un regard sur moi ?
Un rayon de couleur, un rayon de lumière,
Il suffirait que tu comprennes ma prière,
Il suffirait que tous les temples soient ouverts
Que le saint des saints soit recouvert de fleurs,
Que l'espoir devienne certitude au fil des heures.

Je rêve de tenir ta tête entre mes mains,
Je rêve de découvrir tous les chemins
Où le loup dansera autour de la licorne bleue,
Où le fou sera enfin écouté et heureux.

Où es-tu quand la nuit descend
Sur tous les firmaments ?

Es-tu capable, dès lors de voyager
Jusqu'au bout de mon amour et de mon éternité ?
Et découvrir émerveillé la lisière entre le bleu et la nuit ?

Là se trouvent les vestiges du château endormi,
Où se reposent les chandeliers animés,
Les princesses aux regards perdus.

Et toi ? Toi, où es-tu ?
Dans quel sommeil et quel(s) songe(s) es-tu parvenu ?

As-tu franchi la frontière profonde de mes yeux,
Sais-tu que de toi, mon cœur est amoureux
Et qu'il chante,
Qu'il tremble en valses lentes ?

Parce que la musique est notre première union
Et que ce matin, il fait bon.
Merci.

Pour Gaston

Toi qui aimas ma foi, ma religion
Dans tes mots, j'ai traversé l'horizon
Qui conduit du profane au sacré,
Et grâce à toi, j'ai contemplé la beauté.

J'ai entendu le verbe d'amour de l'enfant divin
Et les prières des chrétiens.
De l'hébreu au latin
Des siècles se sont écoulés,
Mais l'Amour a toujours existé
Dans des rêves élancés
Au moment des guerres cruelles.

Gaston, toi qui m'enseignas, de ta foi, l'essentiel
Tu as traversé un siècle de vie,
Puis, dans ton sommeil
Tu es parti rejoindre ton épouse chérie
Celle qui a apprivoisé le soleil
Pour t'accueillir au paradis.

Tu nous as quitté le sourire dans le cœur
Et pour beaucoup, tu fus un instant de bonheur
Un instant de cristal, riche, pur, transcendant
Tu m'as donné l'amour
Qu'un homme porte à son enfant.
Avec toi, dans mon cœur,
Jésus vit le jour
Et chaque jour est une fleur
Que je porte aux heures
De l'aube, pour célébrer ta mémoire.

Pourquoi ?

Pourquoi, demande l'enfant
En voyant disparaître les cerfs-volants,

Pourquoi, demande l'amour
En voyant disparaître les amants à la fin du jour,

Pourquoi, demande l'Homme devenu géant
En voyant disparaître ses parents
Et quelquefois ses enfants

Pourquoi, demande la femme libre et amoureuse
En voyant son amant
S'en aller doucement
Et devient de tout, peureuse.

Pourquoi, le feu devant l'eau limpide,
Lui de nature si vive et arrogante, se fait-il timide
Au point de disparaître,
Sans espoir de renaître.

Pourquoi la Licorne se fait-elle invisible,
Aux premières lueurs indicibles,
À tel point que l'événement se fait magie
Lorsque par miracle, on la voit qui jaillit,

Le Pourquoi est universel,
Et s'attarde devant toutes ces évidences qui font la vie.
Il est malicieux et providentiel
Car il fait patience à toutes réponses espérées :
Il est la clé dans la serrure,
Il est le discours dans le murmure,
Il est le jardin pour chaque fleur,
Il est le temps pour chaque heure.
Il est ce que le silence attend
Derrière le voile du vent.

Devant toi,
Il n'y a pas de pourquoi,
Il y a juste le sourire
De te découvrir...

Et la splendeur se fait humaine,
La douceur se fait reine.

L'amour devient la patrie
Des exilés et des incompris,
Qui attendent en tenant le pourquoi
Au bout de leur miroir.

Table des matières